Salles de shoot ?

Du même auteur

Salle de consommation : revue de littérature internationale, *in* ASUD-Journal n°43, 2010, p. 10 à 11.

Une coalition d'associations demande l'ouverture de salles de consommation de drogues à moindre risque à Paris, *in* Bulletin LE FLYER n°38, Décembre 2009, p. 20 à 22.

Salles de consommation de drogues à moindre risque : le syndrome gaulois, *in* Revue SWAPS n°56, 4e trim. 2009, p. 11 à 13.

Drogues : Salles de consommation, à moindre risque, AgoraVox, 19 juin 2009.

Droit international & Salles de consommation à moindre risque, Mars 2009.

Entretien avec Christophe Mani, Directeur de Première ligne à Genève, Mars 2006. Spécial salle de consommation à moindre risque, *in* ASUD-Journal n°31, 2006, p. 10 à 17.

"...on peut franchir le pas, faire un essai." Structures d'accueil avec possibilité de consommer à moindre risque des drogues, LUDIC, 2005.

Le « tourisme d'assistance » des usagers de drogues. Vers l'ouverture d'une salle d'injection à moindre risque, Paris, L'Harmattan, 2003.

Visite du Quai 9 (Espace d'accueil et d'injection) à Genève, Février 2003.

avec Hervé Richaud, Visite du Dispositivo Asistencial de VEnopuncion (D.A.VE) à Madrid, AIDES, Juillet 2002.

Réduction des risques : vers l'ouverture d'un lieu d'accueil et de consommation pour usagers de drogues, *in* Le bulletin du volontaire de AIDES, Avril 2002, p. 6 à 7.

Salle d'injection à moindre risque, *in* Dans le secret des drogues et des virus, Actes du colloque THS5 Grasse 2001, Editions Frison-Roche, Paris, p. 219 à 221.

Bernard BERTRAND

Salles de shoot ?

*Un regard engagé en faveur de l'expérimentation
de structures d'accueil avec possibilité de consommer
à moindre risque des drogues*

Books on Demand
12/14 rond-point des Champs Elysées
75008 Paris, France

Edition :   Books on Demand
               12/14 rond-point des Champs Elysées
               75008 Paris, France.

Impimé par :   Books on Demand
               GmbH, Norderstedt, Allemagne.

ISBN :   978-2-8106-2091-3

Introduction

Notre position individuelle ou collective sur la question des drogues et plus particulièrement sur la question des salles de consommation à moindre risque est généralement étroitement liée à nos représentations des personnes toxicodépendantes. Or la question n'est pas tant d'être « pour ou contre les drogues », car sur cette question nous sommes presque tous d'accord, mais plutôt de nous interroger sur notre capacité à tolérer des toxicomanes dans notre société. Ce positionnement, certes plus délicat et méritant débat, permet d'être contre la consommation de drogues sans pour autant être contre les toxicomanes.

Il faut s'y faire, même si l'on vise l'abstinence et la réinsertion pour tous les consommateurs de drogues, ceci ne se fait pas en un « claquement de doigts » et cette démarche prend du temps. Pendant ce temps, autant que les pratiques de consommation soient le moins dommageables possibles. Alors OUI aux salles de consommation à moindre risque, à comprendre comme une mesure intelligente, pragmatique et comme un outil complémentaire à apporter

> ... la question n'est pas tant d'être « pour ou contre les drogues », [...] mais plutôt de nous interroger sur notre capacité à tolérer des toxicomanes dans notre société.

qui vise à permettre aux plus vulnérables d'accéder à des structures d'aide, d'accompagnement et de soins.

Dans les publications internationales, les salles de consommation (1) sont souvent nommées par erreur, par manque d'informations ou par provocation, salle de shoot, shooting gallery ou pîquerie[1] (2) mais aussi à tort, centre de consommation « sûr », puisque la sûreté ne peut-être garantie tant et aussi longtemps que la qualité de la drogue et de la quantité de drogue ne font pas aussi l'objet d'un contrôle. Nous préfèrerons les termes de service d'injection supervisé (3), salle d'injection (4), safer injection room (5 ; 6), lieu d'injection sécuritaire[2] (7), supervised injecting centre (8), medically supervised injecting centre (9), salle de consommation (10 ; 11) ou encore zone de tolérance, gassenzimmer, salle de santé, fixerstübli, drug injecting room, centre de contact, fixpunkt, sala de consumo higiénico, dogenkonsumraum, safe injection facility, gesundheitsräume, salle d'injection à visée éducative.

De quoi s'agit-il ? Tous ces termes font référence à des centres dans lesquels les usagers de drogues sont autorisés à consommer leurs drogues dans de bonnes conditions d'hygiène et sous la surveillance d'un personnel qualifié. (10 ; 12 ; 13 ; 14) Comme je l'ai expliqué en 2005 (15), je préfère

---

[1] Selon la littérature, une pîquerie est un lieu de consommation non autorisée (souvent un appartement) gérée par un ou des consommateurs de drogues. L'accès y est souvent payant.

[2] La nature « sécuritaire » de ces lieux est également équivoque (est-il fait référence à la violence ? à la répression policière ? aux risques de surdoses ?), parce que nous voulons insister sur le fait que la revendication de la mise en place de tels lieux ne s'accompagne d'aucune mise en cause du régime prohibitif et parce que les SCMR laissent la porte ouverte à des modes de consommation alternatifs (par inhalation par exemple).

utiliser Structure d'accueil avec possibilité de Consommer à Moindre Risque des drogues psychoactives – SCMR.

Pour qui ? D'après Kate Dolan et al. [19], Dagmar Hedrich [10] et Lina Noel et al. [14], la population visée par les SCMR a été atteinte dans tous les pays où elles ont été implantées. Il s'agit surtout de consommateurs de drogues de longue date, de ceux qui consomment leur substance dans les espaces publics ou semi-publics, de consommateurs « sans chez eux » et/ou ayant parfois recours à la prostitution. Les SCMR permettent également de toucher une partie de la population vieillissante des consommateurs de drogues. Certaines salles suisses possèdent même des prestations spécialement destinées aux femmes avec plages horaires spécifiques et possibilité de consulter un gynécologue, par exemple. Enfin, les SCMR reçoivent de nombreuses personnes n'ayant jamais eu de contact antérieur avec des structures de soins et permettent de créer un lien avec une population qui n'aurait pas forcément recherché d'aide.

Il s'agit surtout de consommateurs de drogues de longue date, de ceux qui consomment leur substance dans les espaces publics ou semi-publics, de consommateurs « sans chez eux » et/ou ayant parfois recours à la prostitution. [...] les SCMR reçoivent de nombreuses personnes n'ayant jamais eu de contact antérieur avec des structures de soins [...].

Les première SCMR sont apparues entre les années 1960 et 80 au Royaume-Uni et au Pays-Bas. Toutefois, c'est dans le milieu des années 1980 que les SCMR telles que nous les connaissons aujourd'hui ont pris forme. Elles se sont développées officiellement en Suisse (la première fût ouverte à Bern en 1986), puis en Allemagne (Münster en 1993) et au Pays-Bas (Rotterdam en 1990). Depuis les années 2000, d'autres pays comme l'Australie (1999), le Canada (2003), l'Espagne (2004), la Norvège (2005) et le Luxembourg (2006) ont suivi. Il existe aujourd'hui 92 SCMR officielles, la majorité sur le sol européen, réparties dans 61 villes dans le monde : 45 SCMR au Pays-Bas dans 30 villes ; 25 SCMR en Allemagne dans 16 villes ; 12 SCMR en Suisse dans 8 villes ; 6 SCMR en Espagne dans 3 villes ; 1 SCMR en Australie à Sydney et une à l'étude à Melbourne ; 1 SCMR au Canada à Vancouver et une à l'étude à Québec ; 1 SCMR en Norvège à Oslo et une seconde à l'étude et une SCMR au Luxembourg à Bonnevoie et une seconde à l'étude.

Il existe aujourd'hui 92 SCMR officielles, la majorité sur le sol européen, réparties dans 61 villes dans le monde [...].

En France comme en Slovénie, au Portugal, en Belgique, en Italie, au Royaume-Uni, au Danemark, en Irlande [16] et aux Etats-Unis (New York et l'état de Californie), le débat est entamé même si ces pays éprouvent encore des réticences à mettre en place des SCMR, malgré leur efficacité démontrée scientifiquement.

Suite au rapport 2010 d'expertise de l'Inserm [17], des recommandations des élus locaux [18] et de l'annonce de la Ministre de la Santé et des Sports, de vouloir expérimenter les salles de consommation à moindre risque (conférence internationale sur le sida à Vienne, Autriche), je me suis intéressé à la littérature internationale traitant de ce sujet. J'ai donc analysé de nombreux documents examinés par des pairs et de la littérature grise[3] notamment Suisse, Allemande et Canadienne qui présentent ou évaluent des études sur le fonctionnement et l'incidence des salles de consommation à moindre risque.

Je me suis principalement intéressés à cinq évaluations internationales basées sur les revues de la littérature et des statistiques internes de ces structures. Deux proviennent du *European Monitoring Centres for Drugs and Drug Addiction*, l'une du *National Drug and Alcohol Research Centre* d'Australie, l'autre de l'Institut National de Santé Publique du Québec et la dernière de *Burnet institute*. J'ai également étudié une partie des évaluations nationales existantes en Suisse (Genève, Bâle et Bienne), en Allemagne (Berlin et Berne), au Canada (Vancouver), en Australie (Sydney) et en Norvège (Oslo).

Il est nécessaire et important de rappeler que les travaux de Kate Dolan et al. en 2000 [19], de Jo Kimber et al. en 2002 et 2003 [8 ; 20], de Robert S. Broadhead et al. en 2002 [21], de Robert Elliot et al. en 2002 [22], de Lina Noel et al. en 2009 [14], de Dagmar Hedrich en 2004 et 2010 [10 ; 11] et de Robert Power et al. en 2009 [23] ont déjà permis de synthétiser les informations existantes sur les salles de consommation à moindre risque.

---

[3] La littérature examinée par des pairs fait référence à des documents Alnts soumis à des experts du domaine qui les évaluent avant leur publication. La littérature grise fait référence à des documents qui ne transitent pas par le circuit habituel de la recherche universitaire et comprend notamment des documents gouvernementaux, des thèses et des rapports scientifiques.

Les stratégies et les politiques de lutte contre la toxicomanie

de la prohibition vers la réduction des risques

> « *En augmentant les fardeaux sanitaires, sociaux, légaux et économiques liés à l'usage de drogue dans le but de minimiser le nombre de personnes qui s'y adonnent, la base même de la prohibition cause plus de dommages nets aux individus et à la société qu'une acceptation du caractère inévitable d'une certaine consommation [...]. De plus en plus de dirigeants, autour du monde, reconnaissent que la plupart des problèmes associés aux drogues illégales résultent de la prohibition, plutôt que d'être des conséquences inévitables de propriétés pharmacologiques des substances* ».
>
> Alex Wodak et Ron Owens. (24)

Introduction

La France a connu à partir du XIXe siècle, quatre vagues importantes de consommation de drogues que les médecins hygiénistes de cette époque ont appelé « épidémies ». La première a eu lieu en 1880 avec la morphine, puis l'opium[4], la cocaïne au début du XXe siècle et enfin l'héroïne à partir des années 1970. C'est en 1916, au moment de « l'épidémie de cocaïne » que le législateur français met en place le premier dispositif prohibitionniste et interdit la consommation en public de drogues.[5]

---

[4] Le 5 juillet 1903, la couverture du Petit journal montrait une scène représentant une fumerie d'opium en France. [en ligne]. [réf. du 23 septembre 2010]. Format jpg. Disponible sur <http://fr.wikipedia.org/wiki/Fichier:French_opium_den.jpg>.

[5] Seule la consommation en public est réprimée. Loi du 12 juillet 1916 sur l'importation, la détention et l'usage des substances vénéneuses et notamment l'opium, la morphine et la cocaïne, JO du 4 juillet 1916.

Il y a quarante ans, le 31 décembre 1970[6], en s'appuyant sur la convention unique de 1961[7], « la France devient le seul grand pays européen [...] à adopter une attitude aussi radicale d'un interdit complet de la consommation de tous les produits classés comme stupéfiants ». (25) Les sanctions encourues vont d'une mesure de « rappel à la loi » (article 41-1 du code de la procédure pénale) à une peine correctionnelle d'un an d'emprisonnement et d'une amende de trois mille sept cent cinquante euros (article L.3421-1 du code de Santé Publique, ancien article L.628). Peu de temps après, elle interdit également la vente libre des seringues (décret n°72-200 du 13 mars 1972). À partir de ce moment, la répression devient la réponse principale à la consommation de stupéfiants. Comme le note Aliou Sèye (26), « lorsque les drogues sont identifiées à un "mal absolu" et que les usagers ne sont perçus qu'à partir des substances toxiques qu'ils utilisent, on se trouve en face d'une assimilation et d'une confusion grave entre l'homme et le produit [...] : le produit est mauvais, par conséquent ceux qui l'utilisent sont aussi mauvais ».

---

[6] Loi n°70-1320 du 31 décembre 1970 relative aux mesures sanitaires de lutte contre la toxicomanie et à la répression du trafic et de l'usage illicite des substances vénéneuses, JO du 22 septembre 2000. Tous les textes de lois et les décrets français sont sur le Site Legifrance [en ligne]. [réf. du 20 septembre 2010]. Format pdf ou htm. Disponible sur <http://legifrance.gouv.fr>.

[7] La France est signataire de quatre traités internationaux : la convention internationale de l'opium de 1912, modifiée par le protocole de 1946, toujours en vigueur avec les pays qui n'ont pas ratifié la convention unique de 1961 ; la convention unique sur les stupéfiants de 1961, modifiée par le protocole de 1972 ; la convention sur les substances psychotropes de 1971 et la convention contre le trafic illicite de stupéfiants et de substances psychotropes de 1988. Le texte original anglais des Conventions est accessible sur le site web de l'Organe International de Contrôle des Stupéfiants [en ligne]. <www.incb.org> [réf. du 11 mars 2010].

C'est au début du XXe siècle, que le mot « toxicomane » fait son apparition. Faisant référence à des notions de folie, de passions destructrices et d'idées obsédantes, sa définition change selon les périodes et les auteurs. Aujourd'hui, il est employé « avec assurance comme s'il correspondait à des choses bien connues et définies, alors qu'il ne réveille en nous que des notions confuses, mélanges indistincts d'impressions vagues, de préjugés et de passions ». [27] L'absence d'homogénéité dans les définitions adoptées même dans les milieux médicaux, amène inévitablement une confusion dans le public, y compris chez les personnes directement concernées. L'utilisation très répondue d'un langage populaire est un obstacle supplémentaire à la bonne compréhension de la toxicomanie. [28] Emile Durkheim [27] ajoute que « nous sommes tellement habitués à nous servir de [ce mot, ...], qu'il semble inutile de préciser le sens dans lequel nous [le] prenons. On s'en réfère simplement à la notion commune. Or celle-ci est très souvent ambiguë. Cette ambiguïté fait qu'on réunit sous un même nom et dans une même explication des choses, en réalité, très différentes. De là proviennent d'inextricables confusions ». Ainsi pour le public, le toxicomane, « le tox », « le drogué », « le junkie » est celui qui fait usage de drogues « dures » et plus particulièrement de l'héroïne par voie intraveineuse. Pour d'autres, et notamment le législateur, le champ de la toxicomanie, dit aujourd'hui « des addictions », englobe les drogues illicites, mais également depuis 1999, « la prise incontrôlée » de produits licites tels que le tabac et l'alcool [29] ou encore les jeux (vidéo et paris en ligne par exemples). Le consommateur de drogues se retrouve alors assimilé à un malade ou à un délinquant et le plus souvent à un délinquant et à un malade. Pourtant, entre l'usage de drogues et la toxicomanie, il existe différentes formes d'usages : occasionnels (festifs ou récréatifs), réguliers et abusifs. Toutes ces nuances sont réduites au seul terme de toxicomanie, augmentant la confusion de notre perception du phénomène. Pour ma part, j'utiliserais les termes « usager de drogues » et « consommateur de drogues » (psychoactives) non dans le sens de « dépendance »[8] mais dans celui d'une pratique pouvant entraîner une « conduite à risque ». (30 ; 31)

Aux prises avec des épidémies

Depuis plus de vingt cinq ans, la consommation de drogues et plus particulièrement l'injection de drogues, constitue un vecteur important de transmission de maladies graves. La pratique d'injection a provoqué plusieurs flambées épidémiques d'infections transmissibles par le sang, notamment celles dues au VIH (32) et au VHC. (33) Aujourd'hui, l'injection de drogues constitue le mode prédominant de transmission du VIH dans de nombreux pays, notamment en Asie, en Amérique Latine et du Nord, en Russie et en Europe de l'Est. (34)

La nature cachée et illégale de la consommation de drogues rend difficile l'estimation du nombre de personnes directement concernées. Selon l'*International Harm Reduction Association* (34), il y aurait plus de 200 millions de personnes consomment des drogues illicites dans le monde dont au moins 15,9 millions qui s'injectent (1,1 millions en

---

[8] En 1969, l'OMS définie la toxicomanie comme une dépendance (dépendance physique, dépendance psychique et tolérance). Cependant, les êtres humains peuvent être dépendants de bien autre chose que d'un produit psychoactif et la dépendance est, dans une certaine mesure, aussi un élément auquel est assujetti l'être humain. Il est donc des dépendances dites normales, qui peuvent être physiologiques (besoins primaires : manger, respirer), sociales (règles de la société), affectives et éducatives…

Europe). En 2006, il est estimé en France que le nombre d'usagers à consommation problématique[9] de drogues se trouve dans une fourchette allant de 210 000 à 250 000. (17)

Parmi les 40 millions de personnes infectées par le VIH dans le monde, environ 3,3 millions l'ont été par suite de l'injection de drogues. (35) En France, les taux d'infections par transmission sanguine ont connu une hausse alarmante pendant les années quatre-vingt-dix. En 1993, ils correspondaient à plus d'un quart des nouveaux cas rapportés d'infection par le VIH. Pourtant, c'est seulement en 1987, que les seringues seront remises sur le marché en vente libre[10] et, au contraire des pays voisins tels que la Suisse, l'Allemagne et l'Espagne, aucune autre mesure ne sera prise face à cette catastrophe sanitaire. (36) Aujourd'hui, la prévalence du VIH serait à peine inférieure à 10 % chez les usagers injecteurs. (17)

L'hépatite C est également un problème important de santé lié à l'usage de drogues injectées et/ou sniffées. Ces pratiques de consommation sont aujourd'hui reconnues comme les causes principales de contamination par l'hépatite C dans les pays développés. (38) D'après l'étude Coquelicot (39), le taux de prévalence au VHC serait de 73 % en France et le nombre de nouvelles contaminations par année est estimé entre 2 700 et 4 400 personnes chez les

---

[9] L'OFDT (37) désigne une consommation à problème comme une « [...] consommation qui implique, ou peut impliquer, des dommages de nature sanitaire (somatique ou psychique), sociale (incapacité de remplir des obligations : au travail, à l'école, en famille, etc.) ou judiciaire ».

[10] Décret n°87-328 du 13 mai 1987 (décret Barzach), JO du 16 mai 1987 ; décret n°88-894 du 24 août 1988, JO du 27 août 1988 et décret n°89-560 du 11 août 1989, JO du 12 août 1989 modifiant le décret du 13 mars 1972, réglementant le commerce et l'importation des seringues et des aiguilles destinées aux injections parentérales en vue de lutter contre l'extension de la toxicomanie.

injecteurs. (40) L'InVS (39) note que « [...] la faible proportion des UD parmi les nouveaux diagnostics VIH et la diminution des cas de sida depuis plus de 5 ans confirment la réduction de la transmission du VIH dans cette population. Mais d'autres indicateurs, comme la baisse des ventes des seringues depuis 1999 (suggérant une possible reprise du partage) et la prévalence de l'hépatite C, conduisent à rester vigilant dans cette population ».

... la mortalité [...] est cinq fois plus élevée que celle des hommes de l'ensemble de la population française, et neuf fois plus élevée pour les femmes.

Les consommateurs de drogues s'exposent également et directement à un risque de décès plus élevé que dans le reste de la population, en raison de la toxicité des produits consommés, du mode de consommation pouvant entraîner la transmission de certaines pathologies mais également d'un mode d'existence comportant des prises de risques plus élevés et des souffrances psychologiques pouvant entraîner des suicides. Malheureusement, le repérage actuel nous renseigne uniquement et avec peu de précision sur le nombre de décès par surdose d'héroïne[11] (inférieur à 100 depuis 2001 ; 120 décès en 2000 contre 564 en 1994) et sur le nombre de décès par sida des consommateurs ayant utilisé la voie injectable (332 en 1997). Dominique Lopez, Hélène Martinau et Christophe Palle (42) montrent que la mortalité sur une cohorte de personnes interpellées pour usage de drogues

---

[11] Les décès causés par une overdose ne sont pas signifiés de la même manière suivant les pays européens. En France, un décès est signifié comme overdose si celui-ci intervient directement et immédiatement après une consommation de drogues et est certifié comme tel après une autopsie, une analyse toxicologique et une signalisation auprès de l'Office central pour la répression du trafic illicite des stupéfiants. (41)

(héroïne, cocaïne ou crack) est cinq fois plus élevée que celle des hommes de l'ensemble de la population française, et neuf fois plus élevée pour les femmes. En avril 2005, lors du débat de l'Assemblée Nationale sur la Lutte contre la Toxicomanie, le député Jean-Paul Garraud [43] déclarait qu'une « étude récente du professeur Pierre Kopp démontre que, sur les 165 000 héroïnomanes que comptait notre pays en 1996, environ 19 800 étaient décédés en 2004 à un âge compris entre trente et trente-cinq ans, soit environ 2 500 personnes par an ».

Les nouvelles consommations (crack, amphétamines), notamment les poly-consommations, la cocaïne [7], l'injection du Subutex® et l'accroissement de l'utilisation de la voie nasale augmentent les risques de dégradations physiques et psychiques. Ercan Acar [44], travailleur social en Alsace, fait remarquer « que l'introduction des traitements de substitution a fait émerger de nouvelles problématiques avec des comportements à risque, principalement en ce qui concerne le *Subutex*® à travers ses « mésusages » et sa prescription sans proposition d'accompagnement social ou psychologique. Les usagers sont souvent engagés dans des conduites à risques importantes, avec un développement inquiétant de la consommation des médicaments psychoactifs [...]. L'injection régulière de *Subutex*®, en recrudescence, a entraîné chez les consommateurs des conséquences somatiques et psychologiques importantes [...] ».

L'application d'une nouvelle approche

L'année 1993 a constitué, pour de nombreuses associations du champ de la toxicomanie et de la lutte contre le sida, une étape fondamentale dans la formalisation d'une réponse à la problématique « VIH et usage de drogues », en clarifiant leurs revendications et la réponse sociale mise en place. Nous assistons ainsi à l'émergence et à l'application d'une nouvelle approche : la réduction des risques liés à la consommation de drogues. Celle-ci se fonde sur deux principes : le pragmatisme et l'humanisme. Le postulat de base est que l'usage des drogues est une réalité avec laquelle nous devons composer. Il convient donc de limiter, le plus possible, les risques sanitaires et sociaux liés à la consommation de drogues sans nécessairement vouloir influencer celle-ci de manière directe. Anne Coppel [45] fait remarquer « [qu']il vaut mieux ne pas consommer de drogues mais si vous en consommez, il vaut mieux consommer les drogues les moins dangereuses et de façon la moins dangereuse possible ; il faut mieux ne pas s'injecter des drogues mais si vous persistez à vous en injecter, alors il faut utiliser une seringue stérile ».

Concrètement, l'approche de réduction des risques se traduit aussi par des actions de soutien et d'accompagnement dans le domaine de la santé, du social, du logement, du travail, etc. Celles-ci incluent notamment la mise à disposition de moyens de prévention du sida et des hépatites comme des seringues, des cuillères, de l'eau, des kits sniff et d'inhalation, des préservatifs, etc. Une telle politique de prévention a eu pour conséquence de transformer la « question sociale » [46] en s'inscrivant aux marges des cadres normatifs des politiques sanitaires ou pénales jusqu'alors seules « légitimes » pour traiter des questions de toxicomanie. Elle a modifié également les modes d'appréhension des populations usant de drogues psychoactives. Dans une démarche basée sur le principe d'abstinence, le rapport des consommateurs de drogues au système de prise en charge s'inscrit dans une logique d'appropriation détournée de celui-ci et est considéré comme inefficace et dangereux. Avec l'avènement des interventions auprès des usagers actifs, cette conception du rapport des usagers de drogues au système sanitaire de prise en charge change radicalement. L'usage de « l'espace public » leur est désormais autorisé puisque les interventions impliquent qu'ils soient accueillis quand bien même ils se droguent. Intervenir au cœur du milieu de la toxicomanie est considéré comme une condition de l'efficacité de la dite intervention. Toutefois, toute consommation de drogues reste aujourd'hui clandestine et entraîne une augmentation des risques sanitaires, notamment ceux liés aux conditions d'asepsie qui ne sont pas toujours idéales. La création de nouveaux dispositifs dits à bas seuil d'accès, [12-13] à partir

> **« il existe une tolérance sous jacente dans les [Caarud]. Il s'agit pour les usagers de drogues de le faire le plus discrètement possible, car s'ils se font surprendre, il y aura un manquement aux règles ».**

---

[12] « Le concept de bas seuil fait référence à une approche d'aide destinée aux usagers de drogues. Cette approche a pour principaux objectifs : l'accueil et l'accompagnement des usagers ainsi que la réduction des dommages liés à l'usage de drogues. Le concept de bas seuil implique que les offres soient faciles d'accès et comportent peu d'exigences. Il peut s'appliquer aux différents aspects de la vie des usagers de drogues ». (47 ; 48)

[13] D'après 2 enquêtes, il existait, en 2004 : 154 structures RDR : 159 lieux d'accueil dont 49 boutiques, 51 bus, 52 équipes de rue, 35 PES non identifiés, 7 programmes d'hébergement de type *sleep in*, 48 équipes d'intervention en

des années quatre-vingt-dix, a permis d'accueillir les personnes consommatrices de drogues les moins insérées, qui ne fréquentaient pas ou peu des structures plus « exigeantes » quant aux conditions d'accès. Mais toute consommation de produit reste là aussi interdite dans ces lieux. Toutefois, comme l'a dit Malika Tagounit (49) lors de la première journée-débat nationale organisée sur les salles d'injection à moindre risque en France (Mulhouse) « il existe une tolérance sous jacente dans les [Caarud]. Il s'agit pour les usagers de drogues de le faire le plus discrètement possible, car s'ils se font surprendre, il y aura un manquement aux règles ».

En 1993, le collectif de personnes et d'associations « Limiter la casse »[14] publie dans *Le Monde* et *Libération* (19 octobre 1993), un appel qui commençait par : « Des toxicomanes meurent chaque jour du sida, d'hépatites, de septicémie, par suicide ou par overdose. Ces morts peuvent être évitées, c'est ce qu'on appelle la réduction des risques [...]. L'alternative entre incarcération ou obligation de soin est une impasse. La responsabilité des pouvoirs publics est engagée comme elle le fut dans l'affaire du sang contaminé. Parce qu'une seule injection suffit pour devenir séropositif, parce que les toxicomanes sont nos enfants, nos conjoints, nos voisins, nos amis, parce qu'on ne gagnera pas contre le sida en oubliant les toxicomanes, limitons la casse ! ».

En mars 1995, le gouvernement français répond à l'appel du collectif en mettant en vente dans les pharmacies le

---

milieu festif dont 9 spécifiques (Enquête AFR), 241 distributeurs de seringues et 222 récupérateurs de seringues sur 54 département (Enquête Safe).

[14] La première réunion du collectif a eu lieu le 25 mars 1993 à Paris. En 1998, le collectif « Limiter la casse » est devenu l'Association française pour la réduction des risques liés à l'usage de drogues (AFR).

Stéribox® (kit adapté à l'usage de drogues injectables) et il autorise les associations menant une action de prévention du sida ou de réduction des risques chez les usagers de drogues à distribuer gratuitement des seringues stériles.[15] Comme le font remarquer Annie Mino et Sylvie Arsever (50), il a « fallu un mouvement d'opinion dépassant le milieu médical pour faire reconnaître le droit des toxicomanes à la survie ». Les traitements de substitution aux opiacés (Méthadone et *Subutex*®) acquièrent un cadre légal. L'auto support[16] se développe et prend une dimension nationale au travers, notamment de la multiplication des groupes ASUD[17] en province. Comme le note Elisabeth Jacob (51), « on peut se demander si, en palliant les dysfonctionnements et les insuffisances du système traditionnel, la fonction de ces nouveaux dispositifs n'est pas de venir masquer les ambiguïtés portées par la loi et faire l'économie d'une réflexion et d'un investissement suffisamment conséquent pour donner lieu à une véritable politique en matière de toxicomanie » qui ne dépendrait pas du degré de tolérance des décideurs politiques.

---

[15] Décret n°95-255 du 7 mars 1995, JO du 9 mars 1995 modifiant le décret du 13 mars 1972, réglementant le commerce et l'importation des seringues et des aiguilles destinées aux injections parentérales en vue de lutter contre l'extension de la toxicomanie.

[16] Traduction de l'anglais *self-help*. « Regroupement de volontaires, généralement des toxicomanes, que réunit un but commun d'entraide, de satisfaction de besoins partagés et de résolution d'un problème social, auquel le groupe répond par ses propres ressources. [...] Dans ce cadre, la communauté toxicomane prend conscience de son existence comme groupe identitaire. Elle met en œuvre une stratégie éducative visant essentiellement à changer les "normes de risques" en "normes de réduction des risques" ». (52 ; 53)

[17] Association d'auto-support et de réduction des risques parmi les usagers de drogues (supra, note n°16). ASUD est devenue une association de patients en 2008.

Malgré la réussite extraordinaire de la politique de réduction des risques sur l'amélioration de l'état de santé des usagers de drogues pris en charge[18] et sur la diminution du nombre de nouvelles contaminations par le virus du sida, dans les quartiers dits sensibles des grandes villes, comme dans la plupart des régions françaises, rien ne semble avoir changé. Un observateur alsacien (55) fait remarquer que « [...] chez les jeunes de l'espace urbain, on constate un développement de l'injection : "ça se remet à shooter". Cela dit le phénomène est difficile à appréhender puisqu'il est plus tôt dispersé et diffus. On peut cependant observer que dans le milieu urbain, les injecteurs de *Subutex*® se remettent à consommer de l'héroïne.

Cette consommation de drogues affecte toute la communauté, et pas seulement les usagers de drogues. Elle génère dans des lieux publics une grande quantité de déchets peu attrayants et qui coûtent cher à ramasser.[19] Les seringues jetées sur la voie publique posent un risque de piqûres accidentelles, de transmission de pathogènes par le sang, non seulement pour le promeneur mais aussi pour les employés municipaux, les gardiens et les concierges qui ramassent ces ordures, puis pour les éboueurs et les trieurs qui s'en occupent. Mais, en plus du problème d'ordures ayant trait à la drogue, les attroupements de consommateurs sont largement considérés par le public comme une nuisance et une menace.

---

[18] Six patients sur dix déclarent être très satisfaits ou satisfaits de leur traitement de substitution. (54)

[19] Il existe peu de données concernant la quantité de seringues ramassées sur la voie publique. Pour exemple, il a été ramassé à Mulhouse (Alsace, Haut-Rhin, 1 495 seringues en 2000 et 1 438 en 2001 par les équipes mobiles de réduction des risques sur des lieux publics et semi-publics.

Pour Elisabeth Jacob, la réduction des risques est considérée comme une réponse pragmatique aux risques liés à la consommation de drogues. Elle fait remarquer (51) que « les intervenants sont à la fois tenus de respecter et faire respecter la loi, tout en donnant aux usagers de drogues les moyens de déroger à cette dernière sans prendre de risques ». Ils sont pour Pierre Bourdieu et Gabrielle Balazs (56) une « sorte d'avant-garde d'une institution à qui il[s] offre[nt] des services irremplaçables mais qui est toujours prête à le[s] désavouer [...] ».

L'année 2003 aurait dû être l'année du changement avec la réforme de la loi du 31 décembre 1970 car comme le note Paul Benkimoun (57), « il [était] devenu urgent de changer la loi ». Mais à l'été 2004, le gouvernement se dérobe et il est devenu « urgent de ne pas la modifier », laissant ainsi la politique française en matière de lutte contre la toxicomanie dans une totale incohérence puisque qu'au même moment, la loi de santé publique 2004 est votée donnant un cadre légal à la réduction des risques.[20]

Une des solutions partielles proposées, dans le souci d'une politique pragmatique de réduction des risques,

---

[20] Article 12 de la Loi n°2004-806 du 9 août 2004 relative à la politique de santé publique. JO du 11 août 2004 (article L.3121-3 à L.3121-5 du code de santé publique) ; décret n°2005-347 du 14 avril 2005, JO du 15 avril 2005, approuvant le référentiel national des actions de réductions des risques en direction des usagers de drogue et complétant le code de la santé publique ; décret n°2005-1606 du 19 décembre 2005, JO du 22 décembre 2005, relatif aux missions des centres d'accueil et d'accompagnement à la réduction des risques pour usagers de drogues et modifiant le code de la santé publique et circulaire n° DGS/S6B/DSS/1A/DGAS/ 5C/2006/01 du 2 janvier 2006 relative à la structuration du dispositif de réduction des risques, à la mise en place des centres d'accueil et d'accompagnement à la réduction des risques pour usagers de drogues et leur financement par l'assurance maladie.

consisterai à établir, tout d'abord à titre expérimental, des lieux d'accueil bas seuil avec possibilité de consommer à moindre risque des drogues psychoactives.[21] C'est ce que recommandent notamment le Conseil National du Sida (58) et le Comité stratégique du programme national hépatites virales (2005), mais aussi l'Organisation Mondiale de la Santé (59 ; 60) et l'Agence nationale de recherches sur le sida et les hépatites virales (61) et plus récemment l'Inserm (17) et les élus locaux. (18) Huit pays ont déjà opté pour cette stratégie de réduction des risques : la Suisse, l'Allemagne, les Pays-Bas, l'Espagne, le Canada, l'Australie, la Norvège et le Luxembourg.

Même si l'expérimentation des salles de consommation à moindre risque a reçu une fin de non recevoir en août 2010 par le Premier Ministre français François Fillon, elles continuent cependant à constituer une stratégie de réduction des risques et des dommages suscitant un attrait certain pour une grande partie de la classe politique, les associations, les professionnels du secteur sanitaire et social et les riverains. « Lorsqu'en 1995, des habitants du Xe arrondissement de Paris découvrent qu'[un Caarud] va s'ouvrir dans leur quartier, que [ce Caarud] va accueillir des drogués qui se droguent, lorsqu'ils comprennent qu'il s'agit d'une politique publique, financée par le ministère de la santé, la question ne manque pas d'être posée : "Vous distribuez des seringues aux toxicomanes mais où vont-ils injecter leur drogue ?" » (45)

En 2003, un intervenant dans le champ de la toxicomanie faisait remarquer que « si nous donnons des seringues stériles, c'est bien parce qu'elles vont être utilisées et nos

---

[21] Le décret n°2005-347 du 14 avril 2005 couvre la possibilité d'expérimenter des salles de consommation à moindre risque.

interventions ont pour but que les personnes qui vont s'injecter prennent le moins de risques possible. Alors pourquoi ne pas aller jusqu'au bout de la logique et éviter qu'ils aillent se cacher dans des lieux dépourvus de toute hygiène pour faire leurs injections. […] ». (36)

Approche sociologique

de l'ouverture de structures d'accueil
avec possibilité de consommer à moindre
risque des drogues

> « *Il est temps que nous cessions de faire la guerre à la drogue et aux personnes qui en utilisent – il est temps de plutôt faire la paix avec les personnes qui prennent de la drogue. Nous devrions essayer, là où nous le pouvons, de limiter les dommages que les drogues font aux gens, et essayer de garder ces personnes en vie [...]. Les politiques en matière de drogue se développent par une évolution, et non par une révolution. Nous devons abandonner la quête de solutions parfaites. Il n'en existe pas* ».
>
> Alex Wodak et Ron Owens. (24)

Leçon à retenir de l'échange de seringues : un prolongement du message des soins de santé[22]

L'épidémie du sida chez les usagers de drogues a déclenché une mutation des pensées dans l'approche de la toxicomanie. Devant le constat de l'échec d'une politique basée sur l'éradication de la toxicomanie qui laissait entières les questions de la contamination par le VIH, s'impose une politique de réduction des risques. Comme le note Jean Fournié (62), « la question de la réduction des risques en se qu'elle fait appel à une reconnaissance de fait de l'existence d'un certain nombre d'usagers de drogues qui ne peuvent ou ne veulent pas s'arrêter – en tout cas semblent incapables de

---

[22] Cette partie fait en autre référence à un article écrit par Ian Malkin au sujet de la nécessité de créer des structures d'accueil avec possibilité de consommer à moindre risque des drogues : Malkin I., Establishing supervised injecting facilities: A responsible way to help minimise, Melbourne University Law Review, 2001, Volume 25, n°3, p. 680.

s'inscrire dans les propositions qui leur sont faites par le dispositif spécialisé – interroge le mandat initial et la vocation des institutions de soins ». Cette faille dans le dispositif de prise en charge classique a formé un point de départ au sein duquel les nouveaux dispositifs vont inscrire leur intervention. Appréhender la toxicomanie par le biais des risques inhérents à cette pratique impose comme base de l'intervention, les questions relatives à la vie des personnes et donc à mettre en retrait les conceptions philosophiques, morales et normatives, quoi qu'en dise le Président de la MILDT, Etienne Appaire. Les programmes d'échange de seringues (PES) sont une des mesures phare de la politique de réduction des risques. Ils sont souvent cités aujourd'hui en exemple comme une réponse pragmatique devant de graves risques de santé publique.

> **Appréhender la toxicomanie par le biais des risques inhérents à cette pratique impose comme base de l'intervention, les questions relatives à la vie des personnes et donc à mettre en retrait les conceptions philosophiques, morales et normatives [...].**

Ces programmes sont particulièrement pertinents à la discussion sur les SCMR, puisqu'ils mettent en évidence la tolérance de la société à l'égard de politiques autres que prohibitionnistes. Ils démontrent concrètement la légèreté des allégations selon lesquelles la politique de réduction des risques prône « la gestion étatique, sociale et médicale de l'intoxication » (63) et de ce faite lance le « mauvais message ». Ces allégations ne sont corroborées par aucune donnée et, elles reposent sur l'hypothèse qu'une approche axée sur l'abstinence a effectivement réussi à éliminer ou à limiter l'usage de drogues et, qu'un relâchement de la prohibition, d'une façon ou d'une autre, entraînerait des conséquences inacceptables, telles un usage de drogues plus répandu. Les PES sont donc l'exemple type de l'approche de réduction des risques en offrant gratuitement du matériel d'injection stérile (souvent de pair avec des mesures d'accompagnement et d'éducation) afin de réduire l'incidence du VIH, des hépatites et d'autres risques corporels en limitant le partage de matériel d'injection. Même s'ils soulevèrent d'abord la critique, l'efficacité des PES est un fait reconnu dans la lutte contre le sida.[23]

En plus d'avoir un impact direct de réduction des risques chez les consommateurs de drogues, par la mise à disposition de matériel stérile, les PES facilitent l'accès à du *counselling*[24] et à des informations pertinentes. L'éducation sur les drogues, plus facilement réalisable depuis la création de PES, augmente la possibilité d'adoption de comportements *safer use* par les usagers de drogues. Les PES sont l'une des nombreuses réponses mises en œuvre pour pallier aux problèmes complexes liés à l'usage de drogues. Toutefois, comme le note Julien Emmanuelli, France Lert et Marta Valenciano (64), ces actions « ne peuvent suffire à

---

[23] En France, cette politique menée quasiment clandestinement pendant les années quatre-vingt-dix, n'a été revendiqué par aucun parti politique et n'est, aujourd'hui, plus remise en cause, en dehors de l'extrême droite et de quelques partisans du tout répressif et d'une politique du sevrage tel que le (ex) collectif anti-crack du quartier Stalingrad (ou anti-salle de shoot) à Paris, les associations France sans drogue et Parents contre la drogue, d'autres associations très proche de la scientologie et le centre national de prévention, d'études et de recherches en toxicomanie (Rouen). La réduction des risques a été intégrée dans la loi de santé publique de 2004 (supra, note n°20).

[24] Le *counselling* est une technique d'accompagnement de type psychologique issue des pays anglo-saxons. Il a pour but de permettre à un individu de trouver en lui-même les ressources pour faire face à une situation donnée. Il est plus généralement utilisé dans toutes les démarches visant à accompagner une annonce mettant en jeu l'équilibre de la personne ou un changement de comportement.

prévenir efficacement les situations à risques » et notamment contre l'épidémie de VHC ou elles « semble[nt] encore sans effet ». (39)

... les SCMR permettent non seulement de réduire les risques des problèmes de santé inhérents à toute pratique de consommation (particulièrement hors d'un cadre médical), mais permettent également une interaction prolongée entre le personnel de santé et les usagers.

Une autre stratégie, connexe mais bien complémentaire, serait l'ouverture de SCMR. Ces lieux sont une suite logique de l'approche déjà mise en œuvre, et acceptée, avec l'échange de seringues : la reconnaissance de la réalité de la consommation de drogues. « Les programmes d'échange de seringues et les [SCMR] ne visent ni l'illicite de l'usage ni le pathologique qu'y inscrit sa symptomatologisation, mais bien les pratiques d'usage construites dans le registre du risque ». (65) Bien que les PES et les SCMR puissent avoir en communs certains objectifs de réduction des risques, ce n'est pas nécessairement le cas. Ces outils sont différents et tous deux complémentaires, pour réagir à différents types de risques parmi des populations spécifiques. Les PES visent principalement à réduire le risque de contracter le VIH, les hépatites et d'autres infections (en plus d'accompagner et orienter des usagers vers des structures de traitement de substitution, de soins de santé et/ou sociales). En revanche, les SCMR permettent non seulement de réduire les risques des problèmes de santé inhérents à toute pratique de consommation (particulièrement hors d'un cadre médical), mais permettent également une interaction prolongée entre le personnel de santé et les usagers. En ce sens, elles offrent une expérience rehaussée, en comparaison avec l'échange de seringues. Autrement dit, dans le cas de l'échange de seringues, on sait que la personne qui vient au PES va s'injecter de la drogue ; on lui donne un moyen de réduire le risque de contracter et de propager des infections transmissibles par le sang. D'une certaine façon, on lui dit « vas-y, la société sait ce que tu fais, mais va le faire ailleurs ». On peut supposer que cette personne aura des comportements à risques à d'autres égards (par exemple, en partageant du matériel d'injection, de sniff ou d'inhalation ; en consommant des drogues seule dans un endroit insalubre, sans assistance en cas de surdose ; ou en situation de possible violence) et qu'elle représente peut-être un risque ou une nuisance pour d'autres personnes de la communauté. Avec les SCMR, on reconnaît le besoin d'un effort plus complet pour protéger et favoriser la santé. La société est prête à fournir des seringues à la population ciblée, et à assurer que les individus consomment leur drogue de manière *safer use* et évitent la surdose. L'aspect le plus controversé semble être l'implication officielle dans l'usage de drogues en soi – la surveillance, que d'aucuns apparentent au fait de sanctionner un comportement illégal de façon plus directe, ou plus active, que dans le cas de l'échange de seringues. Pourtant, ce n'est pas si différent que d'offrir une seringue à une personne pour s'injecter une drogue. La principale différence positive entre ces deux mesures est que les SCMR offrent un endroit relativement sûr pour la consommation. La sécurité n'est pas garantie, mais elle est rehaussée, du moins pour certains utilisateurs, comparativement à la consommation dans la rue et/ou seul, sans accès à des structures de santé en cas de besoin. Il est incontestable que cette mesure procure une sécurité accrue. Elle réduit le risque, pourtant, certains la considèrent dangereuse. Il semble absurde de se rendre jusqu'au point d'offrir des programmes d'échange de seringues, et de s'arrêter avant d'adopter une stratégie complémentaire de réduction des risques potentiellement efficace.

Il y a une dizaine d'année, la mise en place de PES a nécessité un virage sur le plan des pratiques, de l'abstinence vers la réduction des risques. Avec très peu de moyens, ces nouveaux dispositifs, pour l'époque, ont permis certains changements, au moins jusqu'à un degré permettant de réaliser l'échange de seringues. Comme le note Annie Serfaty (66), « la transformation du modèle médical "tout sevrage" au modèle de réduction des risques est la traduction d'un changement de paradigme : c'est l'acceptabilité qu'un usager de drogues puisse accéder aux soins même s'il n'est pas encore possible pour lui d'arrêter de consommer des produits ».

Les SCMR pourraient exister paisiblement aux côtés de ce qui fonctionne déjà, comme un autre outil permettant de réagir à un problème spécifique, distinct et ciblé. Il s'agit simplement d'un nouvel outil important et complémentaire a dispositif existant pour lutter contre les effets néfastes de la consommation de drogues. Aucune des divergences entre ces différentes mesures n'est suffisamment importante ou marquante pour empêcher la mise en place de SCMR. Elle pourrait s'accompagner d'effets positifs considérables sur la santé publique. Pour la prévention de maladies graves ou de décès, nous devrions, en tant que communauté, reconnaître le caractère inévitable d'un certain usage de drogues et chercher à réduire ses effets néfastes sur les individus et la communauté, ce qui signifie que nous devrions être disposés à tolérer (non à promouvoir) des comportements par ailleurs illégaux. Voilà le message pertinent que véhicule la mise en place d'une SCMR.

Les salles de consommation à moindre risque en tant qu'outil de réduction des risques :

une mesure efficace pour la santé publique ?

Les SCMR ont pour principal objectif de permettre aux utilisateurs de consommer leur drogue dans des conditions d'hygiène acceptables sous la supervision de professionnels, plutôt que dans un lieu insalubre, souvent public ou semi-public, tout en préservant la tranquillité et la sécurité des habitants d'un quartier.[25] Contrairement aux scènes ouvertes, leur fonctionnement est réglementé : les non-usagers, les usagers débutants et les mineurs en sont exclus, et le commerce y est totalement prohibé. Les usagers doivent également respecter des mesures d'hygiène et de sécurité, et le personnel ne peut en aucun cas aider à l'administration des substances. Il est là pour observer les pratiques et intervenir en cas de nécessité, notamment face à des comportements potentiellement délétères et pour prévenir les mauvaises pratiques susceptibles d'entraîner une contamination par les virus du sida ou de l'hépatite C. Travailleurs sociaux, infirmières, personnel médical et autres, tous ont été formés pour répondre aux situations d'urgence sanitaire (overdoses, « *bad trip* », etc.) chez les usagers de drogues.

Les SCMR permettent de :

- rencontrer une population d'usagers de drogues en grande précarité et très éloignée du soin,
- sauver des vies en permettant une intervention immédiate en cas de surdose,

---

[25] Il est important de ne pas confondre les SCMR avec les programmes d'héroïne médicalisée où le traitement de substitution est prescrit par une équipe médicale. Dans les SCMR, les drogues ne sont en aucun cas fournies par les professionnels, mais sont amenées par les consommateurs.

- contribuer à réduire la transmission d'infections par voie sanguine et d'autres risques, grâce à l'accès à du matériel stérile et à une éducation et information sur les pratiques de consommation *safer use* directement au moment de l'acte et adaptées aux risques observés,
- faciliter l'accès aux soins de santé nécessaires ainsi que l'accès à l'information, aux conseils et au *counselling*,
- réduire la nuisance publique souvent liée à la consommation de drogues dans des lieux publics.

De ce fait, la réduction des risques est « une notion qui englobe un grand nombre des droits énoncés dans la déclaration universelle [des droits de l'homme]. Elle représente l'accès de tous à des soins de santé satisfaisants, l'accès à l'éducation et à l'information, [...] mais aussi le droit à un logement décent et à un milieu de vie et de travail où les risques connus pour la santé sont maîtrisés ». (67)

Plus de la majorité des professionnels du secteur médical ainsi que celui du sanitaire et social, des personnalités politiques de tous bords (18), mais aussi la Ministre de la Santé et des Sports, la Secrétaire d'État chargée de la Famille et de

Plus de la majorité des professionnels du secteur médical ainsi que celui du sanitaire et social, des personnalités politiques de tous bords, mais aussi la Ministre de la Santé et des Sports, la Secrétaire d'État chargée de la Famille et de la Solidarité et la majorité des français soutiennent la mise en place expérimentale de SCMR.

la Solidarité et la majorité des français soutiennent la mise en place expérimentale de SCMR.[26]

En août 2001, le journal de l'Association Médicale Canadienne affirmait que « réduire les dommages, ce n'est pas battre en retraite. C'est le seul moyen de rencontrer les toxicomanes maintenant, dans un contexte qui peut inclure, outre une toxicomanie chimique qui dévore tout, la pauvreté, le manque d'éducation, le chômage, des antécédents de violence et une famille dysfonctionnelle. Jusqu'à maintenant [...], ce terrain de rencontre est constitué d'activités de communication et d'éducation et [de programmes] d'échange de seringues. Nous devrons faire face à la gravité du problème de toxicomanie que connaissent [certaines populations]. Il n'y a pas de solution rapide [...], à leurs facteurs de risque ou à leurs répercussions. Nous pouvons toutefois améliorer un peu la vie des toxicomanes et rendre les quartiers un peu plus sécurisés. Les [SCMR] constituent une étape logique qui conjugue les avantages du réalisme à ceux de la compassion ». (68)

Les opposants aux SCMR affirment que peu de preuves solides attestent de la réussite de ces initiatives et qu'elles sont « discutables sur un plan philosophique », inefficaces, voire néfastes. L'organe international de contrôle des stupéfiants (OICS)[27], affilié à l'ONU, qui évalue le respect des conventions sur le contrôle des drogues par les pays

---

[26] Ifop pour la lettre de l'opinion : 53% des français favorables à l'ouverture de SCMR. [en ligne]. [réf. du 1er octobre 2010]. Format pdf. Disponible sur <http://www.ifop.fr/media/poll/1231-1-study_file.pdf>.

[27] Voir le document que j'ai préparé sur le « droit international et les SCMR » [en ligne]. [réf. du 28 septembre 2010]. Format pdf. Disponible sur <https://docs.google.com/fileview?id=0B38clYNxRm2jMTRmZWVhZTgtZDEw OC00Zjk2LWFkMjktZmVmNThhY2ZiOGVl&hl=fr>.

signataires et qui s'est opposé de façon constante à plusieurs mesure de réduction des risques considère que la politique sous-jacente à ces structures est incompatible avec les accords internationaux de lutte contre le commerce de drogues. L'OICS « [...] tient à dire encore une fois que l'aménagement de locaux où les toxicomanes peuvent, sous le contrôle direct ou indirect des autorités, s'injecter des drogues obtenues par des voies illicites est contraire aux traités internationaux relatifs au contrôle des drogues » (69 ; 70) et « [qu']il ne semble guère établi que des salles d'injection permettent réellement d'encourager les toxicomanes à suivre un traitement et que leur existence contribue à réduire le nombre de décès liés à la drogue ». (71) Or, le Réseau juridique canadien VIH/sida (22) indique que « [...] les conventions internationales sur la drogue n'empêchent pas la mise à l'essai de [SCMR]. De fait, ces traités sur la drogue permettent expressément les expériences scientifiques et médicales ». L'institut suisse de droit comparé (72) note que « les [...] conventions n'apportent aucune lumière sur la question essentielle de savoir si les salles publiques d'injection sont ou ne sont pas des éléments propices à court terme à la réadaptation et à la réintégration sociale des personnes dépendantes de drogues, puis à long terme à la réduction de la souffrance humaine et à l'élimination de conditions financières qui stimulent le trafic illicite [trad] ».

D'autres données émanant d'initiatives européennes indiquent que les SCMR réduisent les risques associés à l'usage de drogues, pour la santé et la communauté. (19 ; 73 ; 74) En fait, aucun décès par surdose n'a été recensé dans les SCMR et le nombre de décès par surdose a diminué, dans les communautés munies d'une SCMR. L'un des principaux arguments en faveur de la création de ces salles est le simple fait, d'une grande importance, que le personnel qualifié est en mesure de prévenir les surdoses. (75) Même s'il y avait une insuffisance de preuves empiriques solides (alors que ce n'est pas le cas) pour démontrer spécifiquement l'efficacité des SCMR à prévenir les surdoses ou d'autres problèmes de santé. La logique et l'expérience indiquent que certains utilisateurs de drogues bénéficient de l'existence de tels lieux, et qu'ils ont ainsi la possibilité de recevoir une assistance médicale et professionnelle en cas de besoin, contrairement à une personne qui consommerait des drogues dans la rue et/ou seule, sans accès à des services de santé. Il est difficile de déterminer un degré précis de réussite, dans la prévention des risques, car il faudrait alors prouver ce qui aurait pu arriver en d'autres circonstances. Mais il n'y a pas de doute sur le fait que l'on peut sauver des vies. Les données disponibles portent à croire que les SCMR peuvent aider à prévenir les blessures et les cas d'infection liés à des pratiques de consommation non sûres. Les consommateurs de drogues de la rue sont souvent pressés et consomment rapidement, parce qu'ils ont peur d'être surpris par quelqu'un ou de se faire arrêter par la police, ou parce qu'ils s'inquiètent du comportement d'autres consommateurs. Il y a donc un risque plus élevé pour que les pratiques *safer use* de consommation soient négligées : par exemple, des seringues, des pailles ou du matériel seront partagés ; la drogue ne sera pas préalablement testée ou de l'eau stérile ne sera pas utilisée. Par conséquent, l'un des principaux avantages des SCMR est de pouvoir s'y rendre d'abord pour utiliser le matériel stérile fourni par les intervenants, dans un endroit calme, sûr et non menaçant. Ces salles permettent aux utilisateurs de consommer dans un climat exempt de menaces de poursuites ; cela favoriserait, à terme, la consommation dans un contexte qui réduirait le risque évitable. (75) Des consommateurs de drogues mulhousiens ont fait les commentaires suivants : « *"Ce serait cool qu'il y en ai des salles d'injection ! Car en France, on se shoot dehors dans la merde"* ; *"Il y a moins de stress car on a le temps de faire son shoot. Si cela existait chez nous, ça éviterait de se shooter n'importe où et on aurait moins de stress lors de l'injection, plus peur de se faire surprendre"* ». (36) Des données en Europe et en Australie indiquent que les usagers de SCMR ont aussi recours à d'autres structures de santé qui traitent les abcès, les maladies de la peau, etc. (76 ; 77)

... de nombreux usagers peuvent être orientés directement vers des structures de traitement de la toxicomanie ou vers des programmes fondés sur l'abstinence.

Il y a là un enjeu essentiel pour les consommateurs de drogues, qui pourraient au minimum être dirigés vers des structures sanitaires et sociales adaptées aux besoins de chacun.[28] Par la création de SCMR, on peut offrir des services de santé, d'aide sociale et de réinsertion à des personnes vulnérables qui n'y auraient pas accès autrement. Les études et l'expérience suisse (74), allemande (74), australienne (78) et canadienne (14 ; 79) démontrent que de nombreux usagers peuvent être orientés directement vers des structures de traitement de la toxicomanie ou vers des programmes fondés sur l'abstinence. La ville de Vancouver par exemple, a vu ses demandes de sevrage et de traitement de substitution augmentées de 30 % depuis l'ouverture de la SCMR. (80) D'autres études, plus

---

[28] Résultats de l'enquête menée sur Mulhouse en 2002, par les associations ARGILE (Caarud Bémol), AIDES DD68 (Caarud Trait d'Union), LUDIC, le Csapa Alter Native et Le Cap, ECIMUD Mulhouse et les pharmaciens sur un échantillon de 72 consommateurs de drogues. (Groupe de travail : Ouverture d'un lieu d'accueil et de consommation pour usagers de drogues). (79)

récentes montrent que les SCMR participent à la diminution du nombre de consommateurs soit par l'accès aux traitements de substitution, soit par l'arrêt de l'usage de drogues [81]. Selon Thomas Kerr [80], « si vous fréquentez le local [de consommation à moindre risque] au moins une fois par semaine, vous avez deux fois plus de chances qu'un autre de commencer une cure de désintoxication ».

« si vous fréquentez le local [de consommation à moindre risque] au moins une fois par semaine, vous avez deux fois plus de chances qu'un autre de commencer une cure de désintoxication ».

Les SCMR ne sont pas conçues pour être une mesure isolée, mais plutôt pour s'intégrer à une stratégie plus complète, en interaction avec un vaste éventail de services de soins et de santé.

Attraction de nuisances ou réduction des troubles dans l'espace public ?

La plupart des SCMR furent créés après une large consultation des riverains, de la police, du gouvernement et des entreprises locales [19]. À Francfort par exemple, où l'on peut trouver quatre SCMR, la communauté a exprimé un avis très favorable à la question de leur ouverture suite à un travail d'information, de discussion et d'éducation important. Des banques ont même versé des dons pour appuyer l'initiative. Kate Dolan et al. [19] commentent : « Comme en Suisse, l'ouverture de ces lieux [à Francfort] a été un geste concret pour réduire l'impact de vastes endroits ouverts de consommation de drogues, où l'injection en public, la situation de sans-abri et la prévalence élevée des infections virales transmissibles par le sang étaient des phénomènes évidents. Plusieurs considèrent aussi que les [SCMR] sont une suite logique aux services de toxicomanie axés sur l'acceptation, et aux politiques sur la drogue qui favorisent la compassion ».

D'après le fonctionnaire municipal en charge de la lutte contre la toxicomanie, Juergen Weimer [82], l'ouverture de SCMR à Francfort a fait chuter presque à zéro le nombre de personnes s'injectant des drogues dans la rue, alors qu'il y a dix ans, 1 000 toxicomanes « traînaient dans un parc, y jetaient leurs seringues et leurs déchets, dealaient de l'héroïne et se prostituaient ». La politique de Francfort en matière de toxicomanie, y compris la création de SCMR, « sauve des vies humaines ». Les décès liés à la consommation de drogues ont chuté de 147 en 1992 à 26 en 1999, alors qu'à travers l'Allemagne, ce taux augmentait de 8 % en 1999. Les SCMR sont considérées comme un outil novateur pour réduire l'appropriation de lieux publics par les usagers en leur proposant une structure identifiée, qui réponde à leurs besoins et à leurs préoccupations, sans négliger pour autant les intérêts et les craintes de la communauté. L'expérience d'autres pays montre que les communautés trouvent qu'une SCMR bien gérée, même dans leur voisinage, est préférable aux situations de consommation intenses de drogues en des lieux publics ou semi-publics qui existaient antérieurement. [21]

Il apparaît, dans un sondage effectué auprès d'utilisateurs de SCMR allemandes, que 31 % des répondants ont affirmé être favorables au fait de ne plus avoir besoin de consommer dans des « scènes ouvertes » et estiment que cet aspect est l'un des principaux points positifs de ces structures. En même temps, 64 % ont déclaré que ce type de structures était leur lieu de consommation principal. [10]

L'un des arguments le plus souvent évoqué contre l'ouverture de SCMR est que cela aurait un effet « boule de neige », c'est à dire qu'elle attirerait des consommateurs et des trafiquants de drogues de « l'extérieur ». Des commerces surtout, invoquent cet argument justifiant ainsi leur opposition à la création de SCMR dans leur quartier. Ceux qui souhaitent l'existence de SCMR soutiennent que cette crainte n'est pas fondée, puisqu'il se produirait plutôt l'effet inverse : Le service est conçu pour répondre aux besoins d'une population de consommateurs de drogues majoritairement sans résidence stable qui côtoie déjà le marché local de drogues de la rue. Les expériences de Francfort en Allemagne et de Vancouver au Canada, illustrent cette hypothèse. En effet, il n'a pas été observé de hausse du nombre de consommateurs de drogues sur le site malgré l'existence de la SCMR. L'initiative de Sydney ajoute des arguments au non fondé des craintes souvent exprimées. D'après la directrice médicale du projet (33), « les autorités policières n'ont rapporté aucune augmentation d'activités liées à la drogue dans la région jusqu'ici, et le site n'a pas attiré de consommateurs de drogues d'autres régions ». Pour implanter des SCMR avec succès, les communautés et entreprises locales doivent être convaincues que la présence de la structure améliorera plutôt la situation du quartier : en déplaçant au moins une partie de l'usage de drogues vers un lieu légitime et minimisera ainsi plusieurs nuisances liées à la consommation de drogues dans la rue. Actes de délinquance, criminalité, violence, trafic de drogues et dommages matériels pourraient être réduits; et les seringues usagées seraient récupérées, plutôt que jetées dans les rues. Robert Haemming (84) confirme cette hypothèse d'autant que: les autorités policières de Francfort rapportent un déclin des vols dans la rue, des vols dans les automobiles, du trafic de stupéfiants et d'infractions similaires. A Vancouver, suite à l'ouverture d'une SCMR, une société privée de sécurité opérant autour d'*Insite* pour le *Chinatown Business Association* a constaté une diminution de 19 % de la prostitution, de 32 % des vols, de 20 % des vols à l'étalage, de 66 % des agressions sexuelles et de 95 % du *squeegee*[29]. Les études (85) ont démontré que la délinquance (trafic, incivilité, prostitution, crimes violents, etc.) avait diminué après l'installation d'*Insite* (Vancouver). A noter que les auteurs insistent sur le fait que les SCMR ne peuvent à elles seules enrayer les différents processus menant les consommateurs de substances à la commission d'actes délictueux.

Il est probable que le public constatera et reconnaîtra les avantages de la mise en place expérimentale de SCMR comparativement à la situation actuelle, car elles ont le potentiel pour atténuer ces problèmes. Par ailleurs, la sécurité des agents de police ainsi que celle des ambulanciers, des pompiers et d'autres intervenants d'urgence serait également améliorée par l'adoption d'une approche de réduction des risques assortie à l'existence d'une SCMR. Elle réduirait l'intervention policière auprès d'utilisateurs de drogues transportant du matériel de consommation potentiellement contaminé, ce qui diminuerait le nombre d'altercations durant lesquelles un agent pourrait être blessé par une seringue. De façon plus générale, les SCMR freineraient la propagation du VIH et du VHC parmi les consommateurs de drogues. De ce fait, moins d'individus rencontrés par des agents de police,

---

[29] Le *squeegee* est une pratique illégale depuis 1996 au Canada, qui consiste à nettoyer le pare-brise des voitures immobilisées à un feu rouge en échange d'une contribution financière.

des pompiers ou encore des ambulanciers pourraient être porteurs d'une infection.

Une mesure intéressée

Sans m'attarder sur les aspects économiques, il m'a semblé important de les évoquer. J'ai repris ici en partie le texte de Docteur Pascal Courty dans *Intervenir en toxicomanie*. (86)

Peu d'études se sont intéressées aux aspects économiques de la toxicomanie. Au contraire des pays anglo-saxons où les évaluations médico-économiques des programmes de santé concernant les substances licites et illicites sont nombreuses, il a fallu attendre en France, les travaux de Pierre Kopp en 1997, et notamment son ouvrage sur l'économie de la drogue, pour mettre en exergue le gaspillage des crédits et les affectations curieuses des moyens alloués à la lutte contre la toxicomanie Dans deux articles parus dans *Libération* (« Drogue : soigner, c'est économique » du 4 décembre 1997 et « Lutte antidrogue : le panier percé » du 5 mars 1998), Pierre Kopp développe sa réflexion et conclut par : « Le gaspillage est le fruit de l'absence d'une véritable politique de la drogue, d'une attitude timorée en matière de réduction des risques et du refus de procéder à une distinction entre les drogues. C'est ainsi que [763 millions d'euros] sont dépensés chaque année sans que personne ne puisse en évaluer les bénéfices. À ceci s'ajoute quelques centaines de milliers de euros utilisés par les ministères à d'autres fins, parfaitement honnêtes, et quelques malversations que le rapport de la Cour [des comptes] dénonce fort à propos ».

En septembre 2000, Pierre Kopp et Philippe Fenoglio dans « *Le coût social des drogues licites (alcool et tabac) et illicites en France* » rappelle que le coût global de l'héroïnomanie a été estimé en France à 2,38 milliards d'euros (730 millions d'euros imputables au VIH, au VHC et aux traitements de substitution ; 930 millions d'euros imputables à la répression et 720 millions d'euros imputables aux programmes publics de lutte et de répression). (87)

Le rapport coût-efficacité avantageux de l'instauration de SCMR pourrait inciter des décideurs à l'action. Outre la perte tragique et coûteuse de vies humaines, certains méfaits peuvent être évités ou atténués et entraîner des gains sur le plan économique, à l'instar de la mise en place des programmes d'échange de seringues pour limiter la propagation du VIH. Dr. Ahmed M. Bayoumi et Gregory S. Zaric (88) et Ernest Drucker (89) ont démontré l'existence d'un lien de cause à effet entre *Insite* (Vancouver) et la question économique pour la société. Selon le Dr. Ahmed M. Bayoumi, les économies s'élèveraient à 10,3 millions d'euros et 920 années de vie gagnées en 10 ans, sur l'hypothèse que le seul effet d'une SCMR serait la réduction du partage de seringues. En tenant compte que les SCMR ont également un rôle dans l'éducation à l'injection et de ce fait sur la santé globale des personnes, l'économie serait de 14,7 millions d'euros et 1 175 années de vie gagnées en 10 ans.

On ne peut alors nier qu'il est moins coûteux d'expérimenter des SCMR que de traiter des personnes atteintes de maladies qu'elles auraient pu éviter. Comme le note Diane Riley (90), « on a démontré que les [PES] réduisent la transmission du VIH […] et qu'ils présentent un bon rapport coût-efficacité […] ». Des économies considérables seraient réalisées en frais de soins de santé si moins d'individus avaient besoin de traitement pour des maladies chroniques telles que le VIH, les hépatites, etc. Avec la mise en place de SCMR, moins de fonds seraient dépensés en services d'urgence. Par ailleurs, et dans un autre champ de réflexion, les coûts d'application de la loi pourraient également diminuer et l'économie réalisée pourrait être consacrée à la prévention, au traitement et aux soins de santé par exemples.

L'impératif moral de mettre en place des salles de consommation à moindre risque

Il peut s'avérer intéressant d'examiner cette mesure d'un point de vue éthique. Lors du débat sur la mise en place d'une SCMR en Australie, le *NSW Joint Select Committee Safe injection rooms* (73) faisait remarquer « [qu']il est important de reconnaître que les valeurs et les systèmes de valeurs entrent inévitablement en ligne de compte, dans le débat, et qu'ils sont liés à nos choix personnels de solutions à privilégier ». On ne peut donc en faire abstraction dans les débats et les échanges concernant les mesures de réduction des risques, parce que les valeurs « morales » ont une influence inéluctable et inévitable sur toute tentative d'analyse « rationnelle ». Les valeurs sociales et les expériences personnelles, qui construisent les attitudes individuelles, sont souvent fondamentales dans les arguments pour et contre l'établissement de SCMR.

Des valeurs morales divergentes et contradictoires se manifestent. Certains soutiennent que tout usage de drogues est nécessairement mauvais et immoral en soi, alors que d'autres pensent que l'usage de drogues en soi n'est pas condamnable au point que l'on continue de vouloir criminaliser et punir cet usage sans tenir compte des coûts engendrés. Comme le notent Francesco Alberoni et Salvatore Veca (91), « [...] nous devons prendre aux sérieux, dans le raisonnement moral, les intérêts de tous, comme ils nous les présentent ».

Les idéaux liés à la valeur de la préservation de la vie humaine, tout en prêtant attention au besoin immédiat d'améliorer la santé publique, prévenir les surdoses, freiner la propagation de maladies et inciter au traitement sont, ce qu'a appelé Jérémie Bentham (92), le « principe d'utilité ». Il note que « chaque individu vise un ensemble cohérent de buts, lesquels constituent ce qui lui est utile ou ce qui peut lui apporter le bonheur ». Pour Francesco Alberoni et Salvatore Veca (91), « la morale n'a qu'un unique commandement et une règle : il faut agir envers tous les autres comme on voudrait que les autres agissent envers soi-même. Il faut traiter les autres comme on voudrait être traité soi-même, si l'on était à leur place. En définitive, la morale est un choix, celui de l'altruisme contre l'égoïsme, celui des autres contre soi-même ». Est-il alors moral d'empêcher l'accès à des mesures de réduction des risques telle que les SCMR, en présence d'une somme considérable de résultats d'autres pays qui en démontrent l'efficacité ?

Au contraire d'Etienne Apaire, Président de la MILDT qui pense que les SCMR « sont discutables sur le plan philosophique (Le Monde, 10 août 2010), Emmanuel Hirch (93) affirme que le débat entamé « ne saurait relever de disputations philosophiques » car ici, il est question d'une approche pragmatique (Dr J-P. Daulouède, Le Monde, 24 septembre 2010). David Roy (94) rajoute « [qu']il est incorrect [...] de conserver des approches fondées sur la criminalisation pour contrôler l'usage de drogues alors que ces stratégies échouent à rencontrer les objectifs pour lesquels elles avaient été conçues ; qu'elles engendrent des maux qui sont d'ampleur équivalente à, ou pire que, celle des maux qu'elles sont supposées prévenir ; qu'elles intensifient la marginalisation de personnes vulnérables et qu'elles favorisent la montée au pouvoir d'empires violents et socialement destructeurs. [Qu']il est incorrect [...] de continuer de tolérer avec suffisance l'écart tragique entre ce que l'on peut faire et devrait faire, dans l'ensemble des soins aux utilisateurs de drogues, et ce qui est fait dans la réalité, devant les besoins fondamentaux de ces personnes. [Qu']il est incorrect [...] de conserver des politiques et des programmes qui insistent sur l'abstinence de l'usage de drogues d'une manière si unilatérale et si utopique qu'on laisse de côté l'urgence qui appelle une attention plus immédiate : celle de réduire les souffrances des utilisateurs de drogues et d'assurer leur survie, leur santé et leur croissance vers la liberté et la dignité [...]. [Qu']il est impératif de reconnaître - avec toutes les conséquences éthiques de cette réalité éthique - que les personnes qui font usage de drogues possèdent la même dignité que tous les autres êtres humains ».

Bien que les valeurs personnelles jouent indéniablement un rôle crucial dans le positionnement individuel face au problème de consommation de drogues, il me semble impératif que le débat ne se cristallise pas autour d'une stigmatisation de la « tare morale » de l'usage de drogue. Une action éthique fondée sur un contrat social est nécessaire, une approche qui ne blâme pas les consommateurs et qui ne repose pas sur la notion de faute et donc de culpabilité. Il s'agit donc de reconnaître que les problèmes liés à la drogue et leurs causes sont complexes, et engendrent des réactions produites par nos représentations. Se pose ici la question morale de la prévalence de la vie des consommateurs de drogues sur tout autre discours idéologique. Il est impératif que les responsables politiques abordent le problème de façon réaliste, en adoptant l'expérimentation de structures d'accueil avec possibilité de consommer des drogues à moindre risque, ce qui pourrait être perçu comme une perspective uniquement pragmatique, si on l'analysait en dehors du champ de l'action sociale globale.

Conclusion

Les politiques étrangères en matière de toxicomanie témoignent d'une tentative de mettre en place des systèmes de prise en charge transversaux par rapport à des modes d'intervention plus traditionnels en matière de réduction des risques. Ces modèles ont pour vocation d'intervenir *in situ* au moment de l'acte pour lequel ils désirent prévenir des pratiques à risques. Ils ont heurté, dans leurs conceptions, leurs fondements et leurs constructions, la culture professionnelle de tous les acteurs de la vie sociale en soulevant des questions de santé et politiques publiques, de bien-être social ainsi que de moralité publique.

Comme je l'ai exposé, le processus conduisant à l'adoption de pratiques nouvelles est bien celui que décrivent les sociologues de l'innovation et repose sur l'engagement d'acteurs dissidents au regard de leur formation initiale, qu'ils soient militants ou professionnels. Pour autant, ces modèles restent inscrits dans la rhétorique du soin, elle-même sous-tendue par la visée éthique de l'abstinence. Cette dernière devrait permettre aux partisans de la réduction des risques et les défenseurs de la prohibition et d'une politique du sevrage de trouver un consensus sur l'idée que ces modèles sont un atout dans la lutte contre la toxicomanie en constituant une quatrième voie, à coté de la prévention, de la criminalisation et du soin.

Pour conclure, je laisserais la parole à un consommateur de drogues. (15) »

« Si déjà maintenant, on arrive à mettre des structures en place comme [les Caarud] ou n'importe, moi je dis qu'on peut franchir le pas, faire un essai. Au moins essayer parce que moi je dis que ça apporte peut-être certaines choses négatives mais heu, d'un coté il y a quand même une certaine sécurité sur tous les plans (silence) sanitaires. Je préfère me shooter dans une salle de conso que de le faire là dans le parc ou dans la rue, tac, aux yeux et à la vue de tout le monde et de jeter ma pompe dans la rue, parce que les mecs qui shootent dans la rue, ils la jettent dans la rue, c'est clair ils vont pas la mettre dans la poche et dire je vais la jeter dans la poubelle là-bas. Houai, il devrait faire un essai, de mettre en place des salles de conso, ça se serait bien [...] ».

BIBLIOGRAPHIE

La majorité des articles sont répertoriés et accessibles en format pdf ou autre sur le site internet : www.salledeconsommation.fr rubrique Littérature.

1. Diaz Gomez C., 2009 (20 mai), Les salles de consommation en Europe. Synthèse de la revue de littérature internationale, OFDT, Note n°09-4.

2. Plamondon M. et Pelletier C., 2005, La culture des pîqueries à Québec : règles, sanctions, acteurs, Rapport présenté à l'INSP Québec.

3. MSSS, 2008, Programme national de santé publique 2003-2012, Ministère de la Santé et des Services sociaux, Direction générale de la santé publique.

4. Gerlach R. et Schneider W., 2003, Consumption and Injecting Room at INDRO, Münster, Germany, Annual Report 2002, Report Period : January to December 2002.

5. Nadelmann E.A. et al., 1999, Safer Injection Rooms, New York, Open Seciety Institute.

6. Home Affairs Select Committee (2002), The Government's drug policy: is it working? Third Report.

7. Wood E. et al., 2003, The potential public health and community impacts of safer injecting facilities: evidence from a cohort of injection drug users, JAIDS N°32, p. 2-8.

8. Kimber J. et al., 2002, International survey of supervised injecting centres (1999-2000); Sydney: National Drug and Alcohol Research Centre.

9. Mattick R.P. et al., 2001, Six-month process evaluation report on the Medically Supervised Injecting Centre (MSIC), Sydney: National Drug and Alcohol Research Centre.

10. Hedrich D., 2004 (february), Eurpean report on drug consumption rooms, European Montoring Centre for Drugs and Drug Addiction.

11. Hedrich D. et al., 2010, Drug consumption facilities *in* Europe and beyond in EMCDDA Monographs, Harm reduction: evidence, impacts and challenges, OEDT, p. 305-331.

12. Akzept B. et al., 2000, Guidelines for the Operation and Use of Consumption Rooms, Lektorat: Schneider W. & Stöver H., Materialien n°4, Münster.

13. Hunt N., 2006, The evaluation literature on drug consumption rooms. Independent Working Group on Drug Consumption Rooms, Joseph Rowntree Foundation.

14. Noël L. et al., 2009, Avis sur la pertinence des services d'injection supervisée. Analyse critique de la littérature, INSP Québec.

15. Bertrand B., 2005, "...on peut franchir le pas, faire un essai." Structures d'accueil avec possibilité de consommer à moindre risque des drogues, LUDIC.

16. O'Shea M., 2007 (1er février) Introducing safer injecting facilities (SIFs) in the Republic of Ireland: 'Chipping away' at policy change. Drugs: education, prevention and policy, Vol. 14, p. 75-88;

17. Inserm, Expertise collective, 2010, Réduction des risques chez les usagers de drogues. Synthèse et recommandations.

18. ESPT, 2010 (24 septembre), Proposition de recommandations et préconisations pour l'expérimentation de Centres de consommation à moindres risques pour usagers de drogues.

19. Dolan K. et al., 2000, Drug consumption facilities in Europe and the establishment of supervised injecting centres in Australia, Drug and alcohol review n°19, p. 337-346.

20. Kimber J. et al., 2003, Drug consumption facilities: an update since 20002, Drug Alcohol Rev, 22(2), 227-233.

21. Broadhead R.S. et al., 2002, Safer injection facilities in North America: their place in in public policy and health initiatives. Journal of Drug Issues, 0022-0426/02/01, p. 329-356.

22. Elliott R., Malkin I. et Golg J., 2002, Créer des lieux sécuritaires pour l'injection au Canada : questions juridiques et éthiques, Réseau juridique canadien VIH SIDA.

23. Power R. et al., 2009 (octobre), The potential and viability of establishing a Supervised Injecting Facility (SIF) in Melbourne, Burnet institute.

24. Wodak A. et Owens R., 1996, Drug Prohibition: A call for change, Sydney, University of New South Wales Press, p. 7 et 58.

25. Trautmann C., 1990, Lutte contre la toxicomanie et le trafic de stupéfiant. Rapport au Premier ministre, Paris, Documentation française, p. 22.

26. Sèye A., 2000, « Drogues, droit et éthique » *in* Polytoxicomanies, Action individualisée, Approche communautaire / sous la direction de Martine Buhrig, Lyon, Chronique Sociale, p. 27-32.

27. Durkheim E., 2004, Les règles de la méthode sociologique, Paris, PUF, p. 22 et 37.

28. Newmann R.G. (Dr), 1995, The need to redefine addiction *in* Site The International Center for Advancement of Addiction Treatment of the Baron Edmond de Rothschild Chemical Dependency Institute.

29. MILDT, 1999, Plan triennal de lutte contre la drogue et de prévention des dépendances 1999 – 2000 - 2001, Paris, Documentation française.

30. Le Breton D., 1995, La sociologie du risque, Paris, PUF, Que sais je ?

31. Le Breton D., 2000, Passions du risque, Paris, Métaillé.

32. ONUSIDA, 2002, Le point sur l'épidémie du sida, Genève, OMS.

33. Fyfe M., 2001 (22 juin), Addicts revived in drug room, The Age.

34. IHRA, 2010, Global State of Harm Reduction 2010. Key issues for broadening the reponse.

35. ONUSIDA, 2001, Le point sur l'épidémie du sida, Genève, OMS.

36. Bertrand B., 2003, Le "tourisme d'assistance" des usagers de drogues. Vers l'ouverture d'une salle d'injection à moindre risque, Paris, L'Harmattan.

37. OFDT, 2002, Drogues et dépendances. Indicateurs et tendances, Paris, p. 16.

38. OMS, 1997 (mars), Relevé épidémiologique hebdomadaire, Volume 72, n°10, p. 65-69.

39. Jauffret-Roustide M. et al., 2004, Usagers de drogues et réduction des risques. Des résultats encourageant pour le VIH, plus limités pour le VHC, InVS.

40. Desenclos J-C., 2003 (22 avril), Quoi de neuf sur l'épidémiologie de l'hépatite C en France en 2003 ? Editorial *in* InVS, Numéro thématique Epidémiologie de l'hépatite C : Etat des lieux, BEH, n°16-17/2003, p. 85.

41. OEDT, 2001, Rapport annuel sur l'état du phénomène de la drogue dans l'Union européenne, p. 17.

42. Lopez D., Martinau H. et Palle C., 2004, Mortalité liée aux drogues illicites. Etude d'une cohorte rétrospective de personnes interpellées pour usage de stupéfiants, Saint-Denis, OFDT.

43. Garraud J.P., 2005 *in* Assemblée nationale, Session ordinaire de 2004-2005, Compte rendu intégral des séances du jeudi 14 avril 2005, JO du vendredi 15 avril 2005, 1ère séance, p. 2959.

44. Acar E., 2004, « Des corps en déséquilibres... » *in* Réseau des Micro Structures médicales d'Alsace, Rapport qualitatif 2004, Actes de la journée du 14 février 2004, RMS, p. 25-30.

45. Coppel A. (a), 2002 (mars-avril), « Les politiques de lutte contre la drogue : le tournant de la réduction des risques », Les cahiers de l'Actif, n°310-311, p. 11-22.

46. Castel R., 1995, Les métamorphoses de la question sociale. Une chronique du salariat, Gallimard, p 530.

47. Benninghoff F., 1999, Prise en charge de la toxicodépendance en Suisse : une typologie des offres d'aide à "bas seuil" et à "haut seuil" *in* Santé, médecine et société, Contribution à la sociologie de la santé, Seismo, p. 315-330.

48. Vogt R., 2002, Tendances, développements et nouveaux défis dans le travail "seuil bas" dans le domaine des drogues, Amt für soziale einrichtungen.

49. Tagounit M., 2001 *in* Actes Journée Débat "Réduction des risques et Salles d'injection à moindre risque", LUDIC, Mulhouse, p. 40.

50. Mino A. (Dr) et Arsever S., 1996, J'accuse les mensonges qui tuent les drogués, Calmann-Lévy, p. 75.

51. Jacob E., 1996, Capter les usagers de drogues, Mémoire DEA, Université de Paris VIII / sous la direction de Michel Joubert, Université de Paris VIII, p. 117.

52. Toufik A., 1999 *in* Dictionnaire des Drogues, des toxicomanies et des dépendances / sous la direction de Denis Richard et Jean-Louis Senon, Larousse, p. 55.

53. Jauffret M., 2000 (juillet-septembre), L'auto-support des usagers de drogues en France. Groupes d'entraide et groupes d'intérêt, Documents du CESAMES, n°6.

54. AIDES, 1998, Impact d'un traitement de substitution dans la vie des usagers de drogue reçu dans le réseau AIDES, Paris.

55. Bello P.Y. et al., 2004, Phénomènes émergents liés aux drogues en 2003, Paris, TREND, OFDT, p. 52.

56. Bourdieu P. et Balazs G., 1993, « Porte-à-faux et double contrainte » *in* La misère du monde / sous la direction de Pierre Bourdieu, Editions du Seuil, p. 383-395.

57. Benkimoun P., 2005 (mars), Législation : Dérobade à la française, Le Monde, Dossiers & Documents, n°340.

58. CNS, 2001 (21 juin), Les risques liés aux usages de drogues comme enjeu de santé publique. Propositions pour une réforme du cadre législatif. Rapport, avis et recommandation, CNS, p. 131.

59. Hunt N., 2003, A review of the evidence-base for harm reduction approaches to drug use, p. 48.

60. Wright N. MS., Millson C.N. et Tompkins C. NE., 2003 (April), What is the evidence f or the effectiveness of interventions to reduce hepatitis C infection and the associated morbidity ? Health Evidence Network, WHO.

61. Jauffret-Roustide M., 2005 (1er juin), Quelles recherches sur les stratégies de prévention des hépatites chez les usagers de drogue ? L'impact limité de la réduction des risques sur la transmission du VHC chez les usagers de drogue *in* ANRS, Journée d'animation de la recherche. « Recherches en santé publique sur les hépatites virales », Programme & résumés, p. 27-28.

62. Fournié J., 1993, La prévention du sida auprès des toxicomanes, Etude sur les modèles d'intervention mis en œuvre par les acteurs de la prévention, AFLS.

63. Nicolas F., 2004 (23 novembre), Bilan critique des salles de shoot..., (ex) Collectif anti-crack, Paris.

64. Emmanuelli J., Lert F. et Valenciano M., 1999, Caractéristiques sociales, consommation et risques chez les usagers de drogue fréquentant les programmes d'échange de seringues en France, InVI, INSERM, p. 49.

65. Carrier N. et Lauzon P., 2003 (juin), Se shooter en présence d'intervenants ! ? Les points de vue des consommateurs sur la mise en place éventuelle de lieux d'injection de drogues illicites à Montréal *in* Drogues, santé et société, volume 2, n°1, Réduction des risques et des méfaits, Montréal, p. 11.

66. Serfaty A., 1997, Politique de réduction des risques envers les usagers de drogues. Etude de cas Ile-de-France, DRASS d'Ile-de-France.

67. Brundtland G.H. (Dr), 1998 (8 décembre), Directeur général, Organisation mondiale de la Santé, Cinquantenaire de la Déclaration universelle des droits de l'homme, Paris..

68. Journal de l'Association médicale canadienne, 2001, La réduction des dommages : fermer l'écart, Volume 165, n°4 : 389, Editorial.

69. OICS, 2002 (février), Rapport de l'Organe international de contrôle des stupéfiants pour 2001, p. 83.

70. OICS, 2005 (mars), Rapport de l'Organe international de contrôle des stupéfiants pour 2004, p. 86.

71. OICS, 2001, Rapport de l'Organe international de contrôle des stupéfiants pour 2000, p. 86.

72. Cottier B et Synchold M., 2002 (7 janvier), Use of narcotic drugs in public injection rooms under public international low, Avis 99-121c, Institut Suisse de droit comparé, p. 6.

73. NSW Joint Select Committee Safe injection rooms, 1998, Report on the Estabishment of the trial of safe injecting room, Parliament of New South Wales, p. 79.

74. Kerr T., 2000, Safe Injection Facilities. Proposal for a Vancouver Pilot Projet, The Harm Reduction Action Society, p. 4 et 33.

75. Hon. Justice Wood, 1997 (mai), Royal commission into the New South Wales, Police service, Final report Sydney, Government of the State of New South Wales, p. 221 et 222.

76. Dolan K. et Wodak A., 1996 (26 july), Final Report on Injecting Rooms in Switzerland, Lindesmith.

77. Kaldor J. et al., 2002 (2 janvier), Six month process report on the medically supervised injecting centre.

78. MSIC Evaluation Committee, 2003, Final Report on the evaluation of the Sydney Medically Supervised Injecting Centre, Sidney.

79. Bertrand B., Sartori M. et Gérome M.L., 2003, Vers l'ouverture d'une structure d'accueil et de consommation à Mulhouse. Résultat de l'enquête inter-associative, Mulhouse, ARGILE.

80. Wood E. et al., 2006, Attendance at Supervised Injecting Facilities and Use of Detoxification Services, New England Journal of Medicine, 354: 2512–2514.

81. Kerr T. et al., 2010, Injection drug use cessation and use of North America's first medically supervised safer injecting facility, Drug Alcohol Depend, 26 août 2010.

82. Franck M., 2000 (5 may), BYO Heroin, Mother Jones.

83. Wood E. et al., 2006, Impact of a Medically Supervised Safer Injecting Facility on Drug Dealing and Other Drug-Related Crime, Substance Abuse Treatment, Prevention and Policy.

84. Haemming R., 1996 (21 november), Speech on Swiss Experiences with Heroin Dispension, Fixer Rooms and Harm Reduction in Prison, Conference Overlastenverlichting, Trimbos Institute.

85. Boyd N. et al., 2008, Final Report. Public Order and Supervised Injection Facilities: Vancouver's SIS.

86. Courty P., 2005, Intervenir en toxicomanie, Paris, La découverte, p. 156.

87. Kopp P. et Fenoglio P., 2000 (septembre), Le coût social des drogues licites (alcool et tabac) et illicites en France, OFDT, Etude n°22.

88. Bayoumi A. M. MD MSc et Gregory S. Zaric Ph.D., 2008 (18 novembre), The cost-effectiveness of Vancouver's supervised injection facility. CMAJ 179 (11).

89. Drucker E., 2006, Insite: Canada's landmark safe injecting program at rick, Harm Reduction Journal.

90. Riley D., 2000, Alcohol and other drugs council of Australia, Drug Policy 2000: A new agenda for harm reduction, p. 185.

91. Alberoni F. et Veca S., 1989, L'altruisme et la morale, Ramsay, p. 60 et 120.

92. Bentham J., 1989, Principes de législation et d'économie politique, Paris, 1848 *in* Alberoni F.et Veca S., L'altruisme et la morale, Ramsay, p. 55.

93. Hirsch E., 2010, Centres d'injection supervisés. Approches éthiques, ESPT.

94. Roy D., 1999, L'injection de drogue et le VIH/sida : questions juridiques et éthique, Documents de fond, Réseau juridique canadien VIH SIDA.

95. AIDES, 2001, Attentes des usagers de drogue concernant les traitement de substitution : Expérience, satisfaction, effets recherchés, effets redouté, Paris.

96. Aristote, 1970, Morale et politique, Paris, PUF.

97. Barnard M.A., 1993, Needle sharing in context: patterns of sharing among men and women injectors and H.I.V. risk. Addiction n°88, p. 805-812.

98. Benninghoff F. et al., 2003, Evaluation de Quai 9. « Espace d'accueil et d'injection », Période 12/2001 – 12/2002, Lausanne, IUMSP.

99. Bertrand B., 2003 (14 février), Visite du Quai 9 (Espace d'accueil et d'injection), Genève.

100.Bertrand B. et Richaud H., 2002 (16 juillet), Visite du Dispositivo Asistencial de Venopuncion (DAVE), Madrid, AIDES.

101.Bertrand B., 2002 (avril), Réduction des Risques : Vers l'ouverture d'un lieu d'accueil et de consommation pour usagers de drogues. Le Bulletin Volontaire AIDES n°00.

102.Bertrand B. et Dillmann C., 2001 (avril), Visite de Drogenhilfezentrum, Saarbrücken, ARGILE.

103.Birambo E., 2002, Salles d'injection : la France à la traîne, ASUD Journal n°24, Hivers 2002-2003.

104.British Columbia Centre for Excellence in HIV/AIDS, 2004 (17 september), Evaluation of the Supervised Injection Site. Year One Summary.

105.Caviglioli F., 1994 (septembre), Zurich : la république des junkies, Le nouvelle observateurs, p. 70-71.

106.Cazein F. et al., 2004, Surveillance de l'infection à VIH et du sida en France. Situation au 31 mars 2004, InVS.

107.Coppel A. (b), 2002, Peut-on civiliser les drogues ? De la guerre à la drogue à la réduction des risques, Paris, La découverte.

108.Coppel A. et Doubre O., 2004 (automne), Drogues, risquer une question. Réduction des risques : le faux procès du contrôle social *in* Vacarme, Michel Foucault 1984-2004, n°29, p. 82-85.

109.Craig Green T., 2001 (23 novembre), My Place Your Place, or a Safe Place: the Intention to Use a Supervised Injection Facility (SIF) *in* Montreal Injecting Drug Users, données présentées à l'occasion d'une rencontre sur "Les sites d'injection supervisés", journée scientifique de l'Unité des maladies infectieuses, Direction de la santé publique de Montréal-Centre.

110.De Lavarene E. et Zidi P., 2004 (20 novembre), Sous la burqa, le shoot, Libération.

111.Della-Bosco J., 2001 (7 mai), (Ministre d'Etat) *in* Operators Relieved as injecting room opens for business, ABC News online.

112.DGS, 2001, Stratégie de prévention de l'infection VIH/Sida en France pour les années 2001-2004, Paris.

113.Dooling K. et Rachlis M., 2010, Vancouver's supervised injection facility challenges Canada's drug, CMAJ n°182, p. 1440-1444.

114.Emmanuelli J., Jauffret-Roustide M. et Barin F., 2003 (22 avril), Epidémiologie du VHC chez les usagers de drogues, France, 1993-2002 *in* InVS, Numéro thématique Epidémiologie de l'hépatite C : Etat des lieux, BEH, n°16-17/2003, p. 97-99.

115.Fitzgerald J., 2010, Trends in property and illicit drug crime around the medically supervised injecting centre in kings cross: an update, NSW Bureau of crime statistics and Research, issue paper n°51.

116.Fry C. et Testro R., 2000 (april), "not just for us..." Safe injecting rooms: A survey of the attitudes of 215 street-based heroin users in Melbourne, Victoria. Youth Substance Abuse Service in association with Turning Point Alcohol and Drug Centre.

117.Fry C., 1999, Establishing Safer Injecting Rooms in Australia: Attitudes of Injecting Drugs Users. Australian and New Zealand Journal of Public Health, Volume 23, n°5, p. 501–504.

118.Herbert H., 2001 (12 mai) *in* Injecting Room Success, ABC New online AM.

119.InVS, 2004 (16 novembre), Situation du VIH/sida et des infections sexuellement transmissibles en France en 2004. Synthèse.

120.Jamoulle P., 2000, Drogues de rue. Récits et styles de vie, Bruxelles, Editions Boeck Université.

121.Kemmesies U.E., 1999, The open drug scene and the safe injection room offers in Frankfurt am Main 1995. Final report. European Cities on Drug Policy (ECDP).

122.Kerr T. et al., 2010, Social structural factors that shape assisted injecting practices among injection drug users in Vancouver, Canada: a qualitative study, Harm Reduction Journal.

123.Kirwan C. et al., 2009, The potential and Viability of establishing a Supervised Injecting Facility (SIF) in Melbourne, Centre for Population Health, Burnet Institute.

124.Kopp P., 1997, L'économie de la drogue, Paris, La découverte.

125.Kübler D. et al., 1997 (août), Entre santé publique et ordre public. L'impact urbain des services pour consommateurs de drogues illégales en Suisse, IREC, Rapport de recherche n°137.

126.LDH (Ligue des Droits de l'Homme), AIDES, 2000, Actes du colloque, Droits de l'Homme et Santé publique. Assemblée Nationale.

127.Mani C. et al., 2003, Rapport d'activités spécifiques du Groupe Sida Genève – 2002. Réduction des risques liés à la consommation des drogues, Groupe Sida Genève.

128.Mani C., 2005 *in* Alter Ego Le journal, n°48, 2ème trimestre 2005.

129.Marxer A., 1998 (3 août), en entrevue à The Health Report, ABC Radio National.

130.Maso I., 1989, Kwalitatief onderzoek, Boom, Amsterdam *in* Geense R., 1997, To have or to have not: that's the question. A qualitive study on four low threshold needle exchange services for drug users in Switzerland, Lausanne, IUMSP, p. 36.

131.Montaucieux C., 1995 (février-mars), La «shootéria» de Montpellier s'impose sans convaincre, Le Journal du Sida, n°70-71, p 21-22.

132.NSW Drug Summit, 1999, Government Reponse to the Drug Summit, Parliament of New South Wales.

133.Noël L. et al., 2003 (11 juin), Comportements à risque chez les utilisateurs de drogues par injection qui fréquentent les pîquerie, Journée scientifique, Unité de recherche en santé publique, Québec.

134.NSW, Drug Summit Legislative Response Bill 1999.

135.OICS, 2004 (février), Rapport de l'Organe international de contrôle des stupéfiants pour 2003.

136. Oleson M., 2004, 327 Carral Street. The experience of an unsanctioned "user-run" Safe Injection Site, 15 International Conférence on the Reduction of drug related harm, Melbourne.

137. ONUSIDA, 2004, Le point sur l'épidémie du sida, Genève, OMS.

138. Powell S. (a), 2001 (6 avril), Addiction in a Safer Vein, The Australian.

139. Powell S. (b), 2001 (8 mai), First Addicts Shoot Up in Centre, The Australian (Sydney).

140. Powell S. (c), 2001 (15 août), Injecting Centre Throws 831 Users a Safety Line, The Australian (Sydney).

141. Ronco C. et al., 1994, Evaluation der Gassenzimmer I, II und III in Basel, Bâle, IUMSP.

142. Roques B., 1999, La dangerosité des drogues, Paris, Odile Jacob.

143. Santé Canada, 2002 (29 décembre), Projet de recherche sur un site pilote d'injection supervisé – Demande d'exemption en vertu de l'article 56 de la Loi réglementant certaines drogues et autres substances, à des fins scientifiques, Santé environnementale et Sécurité des consommateurs.

144. Santé Canada, 2001, Réduire les méfaits associés à l'usage des drogues par injection au Canada.

145. Schultz H (Prof.), 1989 (juin), Avis de droit concernant les "stations pour toxicomanes", Office fédéral de la santé publique, Berne.

146. Solai S. et al., 2004, Evaluation de l'espace d'accueil et d'injection Quai 9 à Genève, Deuxième phase : 2003, Lausanne, IUMSP.

147. Steinmetz J. et Cassin D., 1998 (14 novembre), Visite de la salle d'injection de Niddastrasse, AIDES Ile-de-France, AUDVIH BRAS.

148.The Sydney Morning Herald, 2003 (15 décembre), Police chief defends heroin injecting room.

149.Tossmann P. H. (Dr) und Schu M., 2007, Die DrogenKomsumräume in Berlin. Ergebnisse der Evaluation 2005-2007, FOGS/delphi

150.Totaro P., 2000 (23 septembre), Vatican Decrees All Heroin Off Limits, The Age (Melboune).

151.Van Beek I. (Dr), 2004, In the eye of the needle. Diary of a Medically Supervised Injecting Centre, Allen & Unwin, Sydney.

152.VCH (Vancouver Coastal Health), 2003 (15 septembre), Injection drug use in the DTES, News release.

153.Ward C., 2000, V.I.H./sida et questions juridiques en Australie, Bulletin canadien V.I.H./sida et droit, Volume 5, n°2-3, p. 76-81.

154.Weppler R., 2003, Vancouver: Unsanctioned Safe Injection Site Opens in Midst of Police Crackdown on Downtown Eastside Hard Drug Scene, DRCNet.

155.West J, 2003 (20 septembre) *in* Fortier M., Une première pîquerie subventionnée au Canada, Journal Canoë.

156.Wood E. et al., 2003, Intensive injection cocaine use as the primary risk factor in the Vancouver HIV-1 epidemic, AIDS, Volume 17, n°6, p. 887-893.

157.Zobel F. et Dubois-Arber F., 2004, Brève expertise sur le rôle et l'utilité des structures avec local de consommation (SLC) dans la réduction des problèmes liés à la drogue en Suisse : expertise réalisée à la demande de l'Office fédéral de la santé publique, Lausanne, IUMSP.

158.KPMG, 2010 (14 september), Further evaluation of the Medically Supervised Injecting Centre during its extended Trial period (2007-2011). Final report, NSW Health.

TABLE DES ABRÉVIATIONS

CAARUD	Centre d'Accueil et d'Accompagnement à la Réduction des risques pour les Usagers de Drogues
CSAPA	Centre de Soins, d'Accompagnement et de Prévention en Addictologie
BHD	Buprénorphine Haut Dosage.
ECIMUD	Équipe de Coordination et d'Intervention auprès des Malades Usagers de Drogues.
INSERM	Institut National de la Santé et de la Recherche Médicale
InVS	Institut de Veille Sanitaire.
JO	Journal Officiel de la République française.
MILDT	Mission Interministérielle de Lutte contre la Drogue et la Toxicomanie.
OEDT	Observatoire Européen des Drogues et des Toxicomanies.
OFDT	Observatoire Français des Drogues et des Toxicomanies.
OMS	Organisation Mondiale de la Santé.
ONU	Organisation des Nations Unies.
ONUSIDA	Programme commun des Nations Unies sur le VIH/SIDA.
PES	Programme d'Échange de Seringues.
RDR	Réduction Des Risques liés à l'usage de drogues.
SCMR	Structure d'accueil avec possibilité de Consommer à Moindre Risque des drogues psychoactives.
SIDA	Syndrome d'Immuno Déficience Acquise.
UD	Usagers de Drogues.
VHC	Virus de l'Hépatite C.
VIH	Virus de l'Immunodéficience Humaine.

TABLE DES MATIÈRES

Site internet :
www.salledeconsommation.fr

facebook :
www.facebook.com/SalleDeConsommation

twitter :
@SCMRfrance